ENCUENTRA A TU COACH PROFESIONAL PERFECTO

Los trucos para elegir al profesional que más se ajuste a tu perfil

Por Julie Arcoulin

Traducido por Laura Soler Pinson

Coaching en50MINUTOS.es

APRENDE A ELEGIR A TU *COACH* PROFESIONAL

- **¿Problemática?** ¿Cómo escojo al *coach* más adaptado a mi personalidad y a mis necesidades?
- **¿Utilidad?** Encontrar un buen *coach* es fundamental para garantizar la calidad y la eficacia de tu acompañamiento.
- **¿Contexto?** Desarrollo personal, bienestar profesional, acompañamiento profesional.
- **¿Preguntas frecuentes?**
  - ¿Un coach de más edad está más cualificado que uno joven?
  - ¿Alcanzar mis objetivos depende únicamente de mi coach?
  - ¿Qué diferencias existen entre un coach, un asesor y un terapeuta?
  - ¿Cualquiera puede afirmar que es coach?
  - ¿Cuáles son las cualidades necesarias para que un coach sea eficaz?
  - ¿Contratar a un buen coach me costará caro?
  - ¿Cómo identifico a un mal coach?

Desde hace algunos años, el *coaching* es un sector en plena expansión. La oferta y la demanda se han multiplicado enormemente: *coach* nutricional, de desarrollo personal, *coach* de vida, *coach* deportivo, *coach* profesional, *coach* escolar, etc. No sabemos por dónde empezar, y menos aún cómo elegir a uno que responda a nuestras necesidades. La buena nueva es que hay infinidad de opciones y que parece casi imposible no encontrar al *coach* que sea adecuado para nosotros. Eso sí, debemos saber cómo hacerlo, ya que también resulta fácil equivocarse y colaborar con uno que, por alguna razón, no nos convenga.

> «Durante mi práctica profesional, una vez recibí a un hombre que quería trabajar su vínculo con las mujeres y sus relaciones con estas. En la primera sesión, salió a la luz un luto que todavía no había realizado. Resulta que, precisamente, yo le recordaba a esa mujer cuya ausencia todavía no había superado. Por lo tanto, era complicado que siguiéramos con el acompañamiento» (Julie, *coach* profesional).

Debes tener en cuenta muchos parámetros cuando decides buscar un *coach*, pero el aspecto humano constituye el elemento más importante, ya que, ante todo, el *coaching* es una aventura humana. Cada *coach* aplica su propio estilo (directo, distante, emotivo, etc.) y opta por una vía de acción. Con ayuda de este libro podrás descubrir cuál encaja mejor con tu perfil. En 50 minutos, obtendrás un panorama completo de las características esenciales de un buen *coach*, de las preguntas que debes plantearte y de los tópicos que tienes que dejar a un lado para decidirte por un consejero hecho a medida.

EL ABECÉ PARA ELEGIR BIEN A TU *COACH*

INICIACIÓN AL *COACHING* PROFESIONAL

¿En qué consiste la profesión de *coach*?

En castellano, las palabras «coach» y «coaching» nos llegan del inglés *to coach* que, a su vez, proviene de la palabra francesa «coche». En francés, el diccionario Le Petit Robert define esta palabra como un «gran carro tirado por caballos que servía para el transporte de pasajeros»[1]. En la actualidad, el término anglicanizado remite a una persona que acompaña a un individuo en su camino hacia el desarrollo pleno profesional y/o personal. Así, sigue estando muy presente la noción de desplazamiento de un punto A hacia un punto B. El especialista guía a su cliente a lo largo de toda su evolución, respetando su ritmo, motivándolo y manteniendo una confianza absoluta en su potencial y en su éxito. El *coaching* es un proceso que ayuda a quien lo recibe a:

- aprender a conocerse;
- desarrollar su potencial;
- recobrar su confianza;
- valorar sus competencias;
- definir sus objetivos a corto y a largo plazo.

Es una verdadera profesión que tiene sus reglas, su ética, sus formaciones y su exigencia. Juntos, el *coach* y su cliente

---

1. Cita traducida por 50Minutos.es

identifican las resistencias y los bloqueos, y se apoyan en los recursos de la persona que recibe el acompañamiento para alcanzar los objetivos fijados.

El proceso de *coaching*

Para entender a la perfección el papel y los retos del *coaching* profesional debes comprender su proceso. Normalmente, este se desarrolla en tres etapas.

Etapas del *coaching*

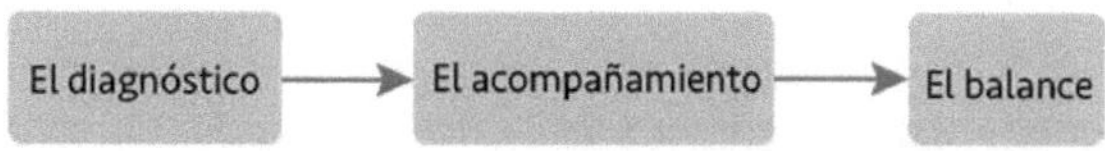

Encuentra a tu coach profesional perfecto © 50MINUTOS.es

- **El diagnóstico** es la fase en la que se reconoce el terreno. Se trata de establecer una evaluación de tu situación profesional y de escoger qué ámbitos deseas cambiar o en qué áreas deseas mejorar. Esta etapa también te ofrece la oportunidad de definir tus objetivos, que no es tarea fácil. En efecto, sucede muy a menudo que un interés esconde otro. El *coach* está ahí para ayudarte a determinar tu meta con la mayor precisión posible antes de animarte a seguir ese hilo conductor.
- **El acompañamiento** representa el núcleo central del *coaching*. Durante esta etapa, las dos partes tienen que concentrarse en el objetivo fijado, pero el acompañante también tiene que mantener una actitud abierta para

dar la bienvenida a posibles cambios o evoluciones de las necesidades de la otra persona.

> «Un día, recibí en mi consulta a un hombre de unos cuarenta años que quería vivir en el campo, alejado de todo. Empezamos el *coaching* basándonos en ese objetivo. Pero, por el camino, entendimos rápidamente que, en realidad, lo que necesitaba eran momentos de soledad para encontrarse a sí mismo y hacer lo que quería. Por lo tanto, reconsideramos el objetivo y adaptamos las acciones que debía implementar» (Julie, *coach* profesional).

- **El balance** se efectúa al final del proceso y sirve para analizar el trabajo efectuado. Independientemente de que el resultado sea positivo o negativo, el *coach* siempre felicitará a su cliente por el camino recorrido y lo invitará a continuar con sus mejoras.

¿CÓMO PROCEDO PARA ELEGIR A UN *COACH*?

Definir nuestras expectativas antes de comprometernos

Antes de sumergirte en la aventura del *coaching*, plantéate las preguntas correctas: tus respuestas orientarán tu decisión a la hora de elegir a un *coach* que se adapte a tu situación.

- **¿Cuáles son tus necesidades?** Empieza por determinar lo que deseas cambiar en tu vida, las razones que te llevan a pedir ayuda. ¿Solo quieres hablar con alguien? ¿Tu puesto ya no se corresponde contigo y estás pensando en reciclarte? ¿Te falta motivación en tu trabajo? ¿Deseas recuperar la autoconfianza? ¿Buscas obtener información (legal, financiera, jurídica)? En este último caso, por ejemplo, quizás no sea un *coach* lo que necesitas, sino más bien un jurista. Identificar tus necesidades —y esto también sirve para tu vida privada— constituye una etapa fundamental que permitirá establecer concretamente qué puedes llevar a cabo para satisfacerlas.

- **¿Cuáles son tus expectativas?** Antes de iniciar un trabajo con un *coach*, tómate tu tiempo para definir qué beneficios quieres obtener con esta experiencia. Esto te permitirá exponer tu situación actual y dejarla clara y, a continuación, establecer unas directrices que te ayudarán a mantener el rumbo durante tu *coaching*. Fijar tus expectativas ya es una manera de determinar tu objetivo. Basándote en las necesidades que has identificado, pregúntate en qué podrá ayudarte concretamente un *coach*. Así, si la satisfacción de tus necesidades pasa por un deseo puramente profesional como «Quiero cambiar de trabajo», «Quiero recibir un aumento de sueldo» o «Quiero lanzar mi empresa», remítete a un *coach* especializado en estas problemáticas.
- **¿Estás preparado para el cambio?** Esta es la pregunta que debes plantearte de verdad, ya que, cuando empiezas un proceso de *coaching*, estás expuesto a transformaciones, a cuestionamientos, a tomas de conciencia, a desilusiones o, incluso, al descubrimiento de talentos ocultos. Nunca más serás la misma persona. Si tienes dudas, háblalo con tu *coach* durante la entrevista preliminar para definir si estás en el momento oportuno para someterte a ello.

¿Cómo encontrar a un buen *coach*?

- **El boca a boca**: cuando hayas decidido dejarte acompañar por alguien, cuéntaselo a tu entorno, ya que quizás alguien conozca a un buen *coach*, personalmente o por su reputación.
- **Las redes y los directorios**: muchas veces aparecen en las revistas, pero también están disponibles en internet. Puedes buscar a tu *coach* en función de tu ciudad e informarte sobre él visitando su página web (que, a menudo, puedes encontrar en los directorios web).
- **Los medios de comunicación**: presta atención a los programas de radio y de televisión, y a los artículos y a las crónicas publicados en periódicos y revistas. A menudo, estos soportes informativos están repletos de expertos de todo tipo y, en la mayoría de los casos, ofrecen una garantía de calidad.
- **Internet**: aunque representa una fuente valiosa de información en muchos contextos, el problema de internet es que podemos encontrar cualquier cosa. Efectuar una búsqueda escribiendo «coach + nombre de una ciudad» es como buscar una aguja en un pajar. Obviamente, esto no impide que hagas una buena elección, pero la cantidad de páginas será ingente y, sobre todo, los primeros resultados aparecerán en función de la calidad del posicionamiento y no de la de los *coach*. Asimismo, debes afinar tu búsqueda comparando varias páginas web.

Las características de un buen *coach* profesional

En primer lugar, tienes que saber que no existe el *coach* perfecto: la persona idónea será la que responda a tus expectativas. En ese sentido, la lista en la que exponemos las cualidades de un buen *coach* no es exhaustiva; no existe una que sea válida para todos. Cuando la leas, pregúntate qué esperas de tu *coach* y qué competencias te parecen fundamentales. Esto te ayudará en tu búsqueda.

- **No juzgar**: cuando empiezas a trabajar con un *coach*, es importante que no te sientas juzgado, ya que puede generarte bloqueos. Un acompañante de calidad sabe que existen tantas maneras de vivir y de pensar como individuos, y que, partiendo de esta base, nadie puede permitirse juzgar a un tercero. Si tu *coach* intenta influirte e imponerte su visión de las cosas, mantente alerta. Sin embargo, no confundas «imponer un punto de vista» con «abrir un océano de posibilidades».
- **Ampliar las posibilidades**: tal y como decíamos antes, existen tantas concepciones de vida como personas. Sin embargo, a menudo tenemos una visión limitada de las cosas y nosotros mismos reducimos nuestro océano de posibilidades. Una de las tareas principales de un *coach* consiste en ampliar el horizonte profesional de su cliente ayudándolo a modificar su perspectiva sobre la existencia, su entorno, su trabajo y, sobre todo, sobre él mismo. Si tu *coach* muestra una visión limitada, no llegará a sensibilizarte sobre las alternativas que te ofrece tu trayectoria profesional. La consigna para un acompaña-

miento eficaz es: «Cambia tu mirada sobre tu vida y esta te cambiará».

- **Una actitud positiva**: si tuvieras que quedarte con un solo criterio, tendría que ser este. Un *coach* que adopta una actitud y un estado anímico positivos te llevará a ver el lado bueno de cada situación. Ser positivo o, en su defecto, ser constructivo es la base del trabajo de acompañamiento. No se trata de convencerte de que todo va bien cuando, precisamente, sientes que tu vida se tambalea. Tu *coach* está ahí para ayudarte a aceptar esos periodos más difíciles y a superarlos. Estos momentos te brindan la oportunidad de iniciar una serie de aprendizajes para no volver a repetir el mismo patrón y los mismos errores.
- **La valoración**: la autoestima y la autoconfianza son dos pilares fundamentales en un proceso de plenitud personal y profesional. Así, tu *coaching* probablemente empezará por un refuerzo de tu seguridad, que pasará por una valoración de tu persona: celebrar los éxitos, pequeños o grandes; considerar que no existen fracasos, sino únicamente experiencias de las que puedes aprender; y cultivar la condescendencia hacia ti mismo.

> «En el 100 % de los acompañamientos que he efectuado, la persona a mi cargo tenía un déficit en su nivel de autoconfianza» (Julie, *coach* profesional).

PEQUEÑO PLUS

El *coaching* no siempre resulta una experiencia cómoda. Durante esta etapa apreciarás y odiarás a tu *coach*, y esto forma parte del proceso. Es cierto que los objetivos de este último son valorarte y ayudarte a sentirte realizado, pero, para ello, a veces tendrá que agitarte (sin perder su actitud condescendiente).

- **Una formación continua**: aunque la calidad de un *coach* no solo se encuentra en su formación (algunas cualidades humanas son indispensables), lo cierto es que esta última constituye una base nada desdeñable. Las formaciones de *coaching* proporcionan las herramientas y las técnicas necesarias para un buen acompañamiento. Al igual que su cliente, el *coach* se encuentra en constante evolución y debe seguir informándose, leyendo y sometiéndose a exámenes para progresar. Uno de los peligros de la práctica del *coaching* consiste en que el *coach* no vuelva a cuestionar sus conocimientos, pensando que ha alcanzado un nivel que ya no requiere mejorar.
- **Un código deontológico**: la profesión de *coach* no está reconocida, por lo que todo el mundo puede asegurar que es especialista sin haber seguido una formación. Así, no existe una normativa general para la profesión. El código deontológico es personal y depende de la ética de cada *coach*. Existen asociaciones, agrupaciones y federaciones a las que los *coach* pueden afiliarse a cambio de una cierta cantidad de dinero, y que proponen un reglamento de buenas prácticas que se debe respetar, aunque no garantizan en absoluto la calidad del acompañante; todo depende de sus valores personales. Durante tu primera entrevista, no dudes en preguntarle sobre este último punto.
- **La persona acompañada lo primero**: es importante que

tu *coach* no hable de sí mismo, o apenas. Es cierto que puede basarse en experiencias personales para ilustrar sus palabras, pero tu acompañante está ahí solo para ti: te escucha, reacciona e interactúa. El objetivo no es que arregle sus problemas personales, sino que te permita avanzar. En este punto, la proyección o el efecto espejo puede resultar peligroso para el proceso de *coaching*. A través de este mecanismo de defensa, el acompañante desplaza sin querer sus pensamientos, sus deseos o sus pulsiones hacia su cliente. Por lo tanto, puede influirte en función de sus sentimientos o de su experiencia personal. Inconscientemente, querrá resolver a través de ti lo que no haya podido solucionar y, en función de esto, guiará sus observaciones y sus posibles consejos. No te preocupes, se trata de un mecanismo humano completamente normal. Un *coach* de calidad es muy consciente de ello y presta atención a este fenómeno para lograr encontrar un equilibrio.

EL EFECTO ESPEJO

El efecto espejo significa que todo lo que percibimos en los demás no es más que un reflejo de nosotros mismos. Si, por ejemplo, una persona te irrita porque habla mucho y ocupa mucho espacio en el grupo, pregúntate si no reaccionas de esta manera porque no te atreves a hablar en público. Este principio también se aplica a las cualidades que identificamos en los demás: a menudo, se trata de partes de nosotros en las que no confiamos.

Los *coach* que deben evitarse

No todos los *coach* están al mismo nivel y algunos te ayudarán más que otros en función de tus necesidades y de tus expectativas. Sin embargo, varias pistas te darán la señal de alerta cuando tengas que huir de alguno:

- te sientes incómodo cuando estás con él;
- te juzga o te impone sus opiniones;
- a menudo llega tarde, juega con su *smartphone* durante la sesión, se come un tentempié mientras te escucha, etc.;
- acepta todos los objetivos que presentas, incluidos aquellos que no son éticos;
- se sitúa por encima de ti, cuando un buen proceso de *coaching* pone a ambas partes al mismo nivel;
- se presenta como un salvador, afirmando que tiene la solución de todos tus problemas y que puede cambiar tu vida en un abrir y cerrar de ojos. No dudes en apostar por un *coach* que hablará de vuestro trabajo como si se tratara de una colaboración, y que te ayudará a encontrar las respuestas en ti, no en el exterior.

COACHES DIFERENTES PARA SITUACIONES DIFERENTES

El proceso de *coaching* se aplica a muchas problemáticas y no siempre resulta fácil identificar al *coach* más adaptado a tus necesidades y a tus objetivos. Los siguientes ejemplos te ayudarán a orientarte en tu decisión.

Jacqueline, 43 años, casada, dos hijos, educadora especial

Jacqueline desea reorientarse a nivel profesional. Le gusta su profesión, pero quiere añadirle una nueva dimensión desarrollando una actividad paralela. Sin embargo, su idea es muy difusa y se deben tener en cuenta muchos parámetros. En primer lugar, tiene que definir claramente sus objetivos y liberarse de sus resistencias y de sus posibles bloqueos. A menudo, estos últimos nacen de creencias limitadoras. En el caso de Jacqueline, su reorientación profesional puede implicar que deba trabajar como autónoma. Así, deberá deshacerse de su falsa convicción que afirma que todos los autónomos terminan arruinándose debido a sus ingresos irregulares. Para alcanzar su objetivo, debe elegir a un *coaching* completo capaz de orientarla profesionalmente al tiempo que la acompaña hacia su meta: es lo que los especialistas llaman un *life coach* o *coach* de vida, un tipo de *coaching* que aborda aspectos de la vida privada y profesional.

Didier, 36 años, soltero, gerente

Didier desea cambiar de puesto en su empresa y convertirse en *coach* especializado en el acompañamiento de gerentes. Por consiguiente, le convendrá dirigirse hacia un *coach* de empresa, ya que necesita un acompañamiento del tipo «siga todo recto»: el objetivo es concreto y no supone un giro de 360 °C. Aunque en el caso de Jacqueline se trataba de un cambio de rumbo, de una reorientación más global, Didier también tendrá que enfrentarse a sus creencias limitadoras. Sin embargo, dado que su idea inicial es muy clara, bastará con un *coaching* centrado en el aspecto profesional.

Jeanne, 56 años, en pareja, tres hijos, en remisión

Jeanne fue diagnosticada de su enfermedad hace tres años. Los diferentes tratamientos la han debilitado enormemente, pero ahora desea volver a levantarse y disfrutar de su vida dándole un nuevo sentido gracias a esta experiencia. En este caso, si todavía no se está llevando a cabo, puede ser recomendable un seguimiento psicológico que se sume al proceso de *coaching*, salvo si Jeanne recurre a un *coach* formado en herramientas terapéuticas como:

- la terapia breve o sistémica (centrada en los problemas superficiales y no en las causas remotas);
- el EFT (siglas en inglés de «técnica de liberación emocional»), que permite liberar las emociones negativas estimulando los puntos meridianos de acupuntura;
- o, incluso, la Gestalt (también llamada terapia del contacto), que se interesa por cómo gestiona cada persona el contacto con su entorno y, sobre todo, con el otro.

El psicólogo, el *coach* y Jeanne trabajarán conjuntamente para reconstruir su vida y volver a darle un sentido. Sin embargo, debe definirse claramente la frontera entre terapia y *coaching*. En el caso de un trabajo paralelo entre *coach* y terapeuta, el *coaching* servirá para animar a la acción y para capitalizar el camino recorrido, siempre apoyándose en lo que se decide durante la terapia para avanzar. Por su parte, la terapia representará el momento en el que se habla, se comprende y se analiza en profundidad.

Sandrine, 17 años, estudiante

Sandrine se encuentra ante la difícil tarea de elegir sus estudios. Sabe muy bien que esta decisión es importante para su futuro, pero ni siquiera logra definir en qué área quiere desarrollarse. En este caso, puede dirigirse hacia un *coach* escolar, que le ayudará a tomar conciencia de sus talentos, de sus deseos y de sus necesidades. Por lo general, estos *coach* están a la vanguardia de todo lo que propone el cuerpo académico y saben amoldarse a las necesidades de los adolescentes y de los estudiantes, hablando su idioma y ajustando sus herramientas.

Por lo tanto, para recibir un *coaching* constructivo, intenta elegir tu acompañamiento en función de tus expectativas y de la especialidad de este último. Si tus objetivos evolucionan durante el proceso, puedes acudir en cualquier momento a otra persona. Un buen *coach* reconoce sus limitaciones y no tiene miedo de orientarte hacia alguien que se ajuste más a tus necesidades. Por último, puede suceder que el *coaching* desvele nuevos bloqueos y que dé un giro inesperado. Así, escoge a un acompañante que te inspire confianza y con quien podrás hablar (por supuesto, sin que se convierta en tu psicólogo).

¿EN QUÉ CASOS NO ES NECESARIO RECURRIR A UN COACH?

A veces simplemente necesitamos tomarnos nuestro tiempo y verbalizar nuestras penas para iniciar un cambio. Un *coach* podrá ayudarte a identificar estos males, pero se centrará más en actuar. Si necesitas hablar pero todavía no estás preparado para pasar a la acción, la psicoterapia y el psicoanálisis podrían resultar una mejor opción para ti. A otro nivel, si sufres trastornos mentales (esquizofrenia, bipolaridad, etc.), es mejor que acudas a un médico.

También existen muchas razones, buenas o malas, para no recurrir a un consejero: falta de tiempo o de presupuesto, situaciones personales difíciles, etc. Pero detrás de estas excusas puede esconderse el miedo al fracaso o, incluso, el miedo al éxito. Por consiguiente, pregúntate cuáles son las verdaderas razones que te hacen dudar a la hora de lanzarte a esta aventura. Consúltalo con un *coach*: llama a uno al azar. Verás cómo pueden salir cosas sorprendentes de esa entrevista.

PARA ACABAR

El proceso de *coaching* no tiene final, puede seguir de forma indefinida. Siempre existen nuevos objetivos, nuevos aprendizajes, nuevas experiencias, etc. Sin embargo, algunos momentos son más difíciles que otros y requieren un acompañamiento. En primer lugar y antes de elegir a tu *coach*, debes aceptar que necesitas ayuda. No estamos hablando de que creas que no eres capaz de superar solo este trance, sino de que la falta de autoconfianza y las dudas que te asaltan pueden llevarte al fracaso. En este punto interviene el *coach*, abriéndote los ojos para que veas lo maravilloso que eres.

El *coach* te motiva, te anima, te consuela, te estimula, te felicita, derriba tus bloqueos y tus frenos y te ayuda a mirar de otra manera lo que te rodea. El *coaching* no siempre es agradable y tu acompañante no está ahí para jugar a las cartas. Seguramente llegarás a odiarlo, pero piensa que todo lo que sientes hacia él es un reflejo de lo que sientes hacia ti: si, por ejemplo, te irrita, probablemente es porque ha tocado un punto importante. Un buen *coach* incita a su cliente a que adquiera autonomía e independencia: no se trata de crear un patrón que te convierta en dependiente de las sesiones; justamente debe producirse lo contrario.

La búsqueda del *coach* adecuado es comparable a la de un nuevo par de zapatos: a lo mejor tienes que probarte diez antes de encontrar el correcto. Antes de decidir si sigues con la persona que se encuentra sentada frente a ti, pregúntate qué despierta en tu interior. ¿Por qué te enfada? ¿Por qué te hace sentir incómodo? ¿Muestra un exceso de confianza o tiene una actitud demasiado fría? Cada encuentro te ayudará a ajustar tus exigencias y a avanzar para alcanzar tu meta.

LOS MEJORES CONSEJOS

- **Define tus objetivos antes de iniciar tu búsqueda**, ya que corres el riesgo de no escoger al *coach* más adaptado a tus expectativas.
- **Emplea el método del boca a boca para elegir a tu *coach***. Te sentirás en confianza más rápidamente con alguien que te han recomendado.
- **La formación no tiene por qué determinar la calidad de un *coach*,** aunque se trate de un prerrequisito importante. Tener una caja de herramientas enorme no sirve de nada si no sabemos utilizarlas y adaptarlas a cada uno. No te dejes impresionar por un currículo que rebose de formaciones y presta atención a la experiencia personal.
- **No te limites geográficamente**. A veces, el *coach* que encaja contigo está ubicado un poco más lejos, pero esto no debe frenarte, sobre todo si el primer contacto resulta satisfactorio. Hoy en día, muchos especialistas también trabajan por videoconferencia o por teléfono. Si te sientes cómodo con estas herramientas, el trabajo presentará la misma calidad.
- **No dudes en preguntar a tu futuro *coach* acerca de sus métodos, de sus experiencias anteriores o, incluso, del desarrollo de las sesiones**, para saber si estás de acuerdo con su forma de trabajar.
- **Ten en cuenta tu personalidad y la de tu *coach***. La química resultará decisiva para el éxito de vuestra colaboración. Y, sobre todo, haz caso a tu instinto. Si la persona que se encuentra frente a ti tiene todas las cualidades que buscas, pero algo te molesta, sigue tu intuición. Si no

te sientes cómodo con él, tu *coaching* no será eficaz.

- **Tu *coach* debe avanzar a tu ritmo y adaptarse a ti**. No dudes en comunicarle tus dificultades y en pedirle que aminore la velocidad si fuera necesario.

PREGUNTAS FRECUENTES

¿UN *COACH* DE MÁS EDAD ESTÁ MÁS CUALIFICADO QUE UNO JOVEN?

Se suele creer firmemente que la calidad de un *coach* se mide por su número de arrugas. No te engañes, la edad no garantiza nada. Lo que caracteriza a un buen *coach* es la calidad de su acompañamiento, su capacidad de apoyo y de escucha, y su formación permanente: un *coach*, independientemente de su edad, prosigue su aprendizaje y mejora cada día gracias a sus clientes. Es cierto que la experiencia desempeña un papel importante en el *coaching*, pero, ante todo, lo importante es cómo tu acompañante la utilizará para ayudarte a evolucionar.

¿ALCANZAR MIS OBJETIVOS DEPENDE ÚNICAMENTE DE MI *COACH*?

Evidentemente, la consecución de los objetivos depende de las dos partes implicadas. Tu *coach* despliega medios a través de ejercicios que elabora después de las sesiones, a través de información que busca y a través de todo aquello que puede ayudarte a alcanzar tu meta, pero tú eres el único que puede influir en el resultado. Este último dependerá de tu nivel de compromiso con el proceso. Tu acompañante debe ser capaz de estimular tu motivación y de orientarte, pero no puede actuar por ti. Eres el único dueño de tu destino.

¿QUÉ DIFERENCIAS EXISTEN ENTRE UN *COACH*, UN ASESOR Y UN TERAPEUTA?

Al contrario que un consejero, que se centra en una situación problemática e intenta aportar soluciones, un *coach* se interesa por la persona. Te da pistas, abre tu mente, te sensibiliza a distintos puntos de vista, te invita a cambiar tu forma de ver las cosas, etc. En ningún caso te ofrece soluciones milagrosas a través de consejos subjetivos. Si sientes que tu *coach* intenta imponer su opinión o su posición sobre tu futuro, no esperes más y cambia.

Además, aunque la profesión de *coach* haya evolucionado mucho, sigue estando muy alejada de la de terapeuta. La primera opta por la acción, mientras que la segunda favorece el diálogo. No son incompatibles, por lo que puedes concertar citas con ambos de forma paralela. De hecho, esto puede resultar muy eficaz, ya que durante un proceso de *coaching* pueden reabrirse algunas heridas psicológicas que frenen tu evolución. Hablar con un profesional apropiado te ayudará a avanzar.

¿CUALQUIERA PUEDE AFIRMAR QUE ES *COACH*?

Efectivamente, todo el mundo puede afirmar que es *coach* sin haber efectuado una formación, ya que se trata de una profesión no reconocida que no necesita un título en concreto. Cuando una profesión está reconocida ante la ley, significa que podemos enfrentarnos a procedimientos judiciales si nos autoproclamamos expertos en la materia.

En el caso del *coaching*, no existe ninguna posibilidad de que nos volvamos contra nuestro acompañante. Por lo tanto, es importante que te mantengas alerta en el caso de que te encuentres con un charlatán. Sin embargo, debes saber también que las formaciones cursadas no garantizan necesariamente la calidad del *coach*.

¿CUÁLES SON LAS CUALIDADES NECESARIAS PARA QUE UN *COACH* SEA EFICAZ?

Algunas actitudes pueden ayudarte a identificar un *coach* de calidad. Así, entre otras cosas, debe:

- escucharte, sin dejarse embaucar por lo que dices;
- poder enfrentarse a ti, manteniendo la condescendencia, para evitar elegir el camino más corto;
- plantear las preguntas adecuadas, es decir, las que te harán pensar y evolucionar;
- mantener la humildad y centrarse en ti;
- animarte a desarrollar tu autonomía para no crear una relación de dependencia;
- seguir formándose.

¿CONTRATAR A UN BUEN *COACH* ME COSTARÁ CARO?

Es difícil responder a esta pregunta, ya que depende de varios factores. No todos compartimos la misma noción de lo que es costoso y cada persona puede manejar su propio abanico de precios. Fíjate un presupuesto y eso te ayudará a elegir. Recuerda igualmente que un *coach* caro no tiene por qué ser mejor que un *coach* más accesible y viceversa.

¿CÓMO IDENTIFICO A UN MAL *COACH*?

- Te vende sueños y te promete que va a cambiar tu vida. Efectivamente, un proceso de *coaching* puede lograrlo, pero únicamente si tú también te comprometes. Tu *coach* no podrá operar todos los cambios necesarios por sí solo.
- Un mal *coach* te juzga, te critica y te dirige frases como «¡No tienes ni idea de lo que estás haciendo!».
- Piensa que es mejor y se sitúa en una posición superior e, incluso, dominante con respecto a ti.
- Confunde mercadotecnia y *coaching*, es decir, intenta venderte todos sus otros productos (seminarios, libros, métodos, etc.) en vez de concentrarse en el acompañamiento que necesitas.

¡AHORA ES TU TURNO!

Esta breve lista de preguntas constituye tu punto de partida para elegir un *coach* que se adapte a ti.

- ¿Cuál es la naturaleza de tu petición? ¿Tiene que ver con el ámbito profesional, familiar, personal, relacional o de la salud? Así determinarás el tipo de *coach* que necesitas.
- ¿Cuáles son tus necesidades reales? Al responder a esta pregunta, arrojarás luz sobre tus prioridades y tus exigencias.
- ¿Qué cualidades y valores deseas que tenga tu *coach*? Prepara una lista que, a continuación, compararás con el enfoque y la información que aparecen en la página web de tu posible acompañante.
- ¿Estarías más cómodo con un hombre o con una mujer?
- ¿Con qué presupuesto cuentas para este acompañamiento?

¡Tu opinión nos interesa!
¡Deja un comentario en la página web de tu librería en línea,
y comparte tus favoritos en las redes sociales!

PARA IR MÁS ALLÁ

FUENTES BIBLIOGRÁFICAS

- Cannio, Sylviane y Viviane Launer. 2009. *Le métier de coach. Cas de coaching commentés*. París: Eyrolles.
- Journal du Net. 2007. "Les clés pour bien choisir son coach". *Journal du Net*. 6 de marzo. Consultado el 19 de abril de 2017. http://www.journaldunet.com/management/dossiers/040745coaching/conseils-pour-choisir.shtml

FUENTES COMPLEMENTARIAS

- Boen, Marleen, Leen Lambrechts y Georges Anthoon. 2013. *Moi aussi, je veux un coach. Un luxe devenu nécessité. Le succès par le coaching*. Bruselas: Racine.
- De Châteauvieux, André. 2008. *Dans l'intimité du coaching*. París: Démos.

¡APRENDER
NUNCA ANTES FUE
TAN RÁPIDO!

www.en50minutos.es